ご機嫌な住まい

GOKIGEN NA SUMAI

ライア

「コミュニケーター」は家づくりのまとめ役

ものづくりにあこがれ、建築にかかわるようになって40年がたった。ざっと計算すると、延べ3000棟余りの家づくりにかかわってきたことになる。

僕が大工見習いだった時代。棟梁は、土地や家相の相談に乗るところから始まって、旦那や奥さんの話を聞き、年寄りや若夫婦の声にも耳を傾け、予算の中に収まるように図面を引き、材料の手当てをし、地鎮祭や棟上げの段取りにも協力し、ご近所へあいさつにも回った。「家づくり」のすべてにかかわって、世話役を見事にこなしていたわけだ。

時代は移り、世の中の仕組みや人の考え方が大きく変わった。「合理化」という名の下に分業化が進み、建築の世界でも必要な作業に応じて「役割」が細かく分かれ、固定化した。

一方で、人が「住まい」に望むものはますます多様化し、家族単位で一つにまとめることさえ至難の業になってきている。こういう時代こそ、「棟梁」のように、家族の意見をまんべんなく聞いて落としどころを見つけ、設計士や職人らと連携し、問題が起きたらその場その場で的確に判断して指示を出し、みんなが家の完成を喜べるように、道筋を敷いて取りまとめていく人の存在が不可欠なのではないだろうか。

そういう存在を僕は「コミュニケーター」と呼ぶ。振り返ってみれば、僕自身、肩書きは「設計士」や「工務店の社長」であっても、すべての家づくりに対して、無意識のうちにコミュニケーターとしてかかわってきたと思う。

「ご機嫌な住まい」の主役は施主さん。裏方は、設計士や職人や作家、そして取りまとめ役のコミュニケーター。みんなでワイワイ言いながら進める家づくりの一端を、この本から少しでも感じてもらえたら幸いです。

株式会社 北屋建設
一級建築士事務所 飛夢房
アーバンデザインコンサルタント (有)ライア
コミュニケーター 岡田　勲

目　次

GOKIGEN NA SUMAI

3

暮らしをデザインする

ものづくり現場から

絵：岡田 勲

表紙・章扉 写真：幡山正人

1

私流ご機嫌暮らし

家が完成してからのその後

こんなふうに暮らしたい。
こんな家を建てたい。
そんな思いが形になった後、
現実の生活がどんなふうに
送られているのか。
住む人の「その後」を追いました。

デザインを楽しむ

山里に住まう。
美しく暮らす。

「デザイン」&「アート」
一見非日常のようだけど
本来は生活の中にあるもの。
両立可能な領域なのです。

自然に溶け込むモダンスタイル

舗装されてない山道を車で揺れながら分け入った先、池を隔てた木立の向こうに、目指すS家のシルエットがうっすらと浮かんできました。

アーチを描く三層の屋根に、形や位置に趣向を凝らした開口部、ぬくもりを感じさせるペールグリーンのドア…芸術家夫婦の住まいらしいモダンスタイルながら、てらいのない佇まいが、自然の懐に美しく溶け込んでいます。

ここで暮らし始めて13年。作品を生み出すアトリエを、根源的な安心感のある場所に持ちたい。そのためには、生活の根本となる「水」の環境がいいところを―と、アトリエを建てる場所を探して回るうち、市街地からさほど離れていないこの地を気に入り、東京から移り住んできました。

リビングに大きく取った窓から、光が一斉に降り注ぐ、朝の美しさは格別

今も夫婦それぞれが、個展や仕事の打ち合わせなどで東京と行き来する生活。夜、東京の余韻を残したまま自宅へ帰り着き、朝の光が差し込む中で目覚める感覚

は、いつも新鮮な感動を伴うとか。風の音や鳥のさえずりや緑の木々が、変わらぬやさしさで癒してくれるのを感じます。

池を隔てた主のアトリエからの眺め。モダンでありながら周囲に溶け込んだ外観

アートに彩られた生活空間

陶芸家の夫と画家の妻を住まい手に持つS家は、生活の場であると同時に、2人の感性が息づくアーティスティックな空間でもあります。

夫の手による陶のオブジェがエキゾチックなニュアンスを醸し出す庭先、妻の描いたイコン（板絵の聖像画）が来訪者を迎える玄関ホール、コバルトブルーの流し台が鮮やかなキッチン。圧巻は、夫が陣頭指揮を取って造形したアートな浴室。もともとここにあった岩壁をそのまま利用し、モザイクタイルで独創的な世界を作り出しました。

生活の場でありながら、芸術表現の場でもあるS家の空間。モザイクタイルと岩盤の組み合わせが野趣あふれる作品となった浴室や、昔からそこにずっとあるかのように、野の草花とコラボレーションを見せる現代アートのオブジェ。日常であり、非日常であり

コバルトブルーの流し台が鮮やかな印象

作品でもある焼き物で、おいしいティータイム

自然の営みと共に

四季の移ろいがはっきりしている山里の暮らしは、夏は草取り、秋は落ち葉拾い、冬は凍てつくような寒さと、都市生活にはなかった苦労もつきまといます。

一方で、セリ、ツクシ、フキ、ワラビ、ジュンサイ、ビワ、シイタケなど、家のすぐ近くで自然の恵みが味わえる豊かさも、ここでの暮らしがもたらしてくれたもの。夫は、キッチンの階下に作った「漬物小屋」に、自家製の梅干しやらっきょう、たくわんを常備。妻は身近でとれた素材を使って素朴なお菓子を作る楽しみを見つけました。

自然の繊細な表情や微妙な変化まで感じ取れる生活。作風に影響は？ との問いに、「私は植物や昆虫が絵のモチーフになることは増えました。デザインや手法が影響を受けることはなくても、感性にはたらいているものはあるかもしれませんね」と、静かな答えが返ってきました。

取っ手がユニークな玄関ドア

保存食を作る漬物小屋のドア

■コミュニケーターから

とにかく立地環境が素晴らしかったので、自然を壊しすぎないよう注意深く手を入れて、なんとか家がなじむぐらいまで周囲を整えることを優先しました。ものづくりを生業としている方だけに、イメージが豊富で、やりたいことが次から次へとわいてくる。だけど全部を全部やったら、お金がかかってしかたない。どこまでやって、どこであきらめるか。あきらめた方が家のためにはいい場合もある。バランスをとることが大切でした。

妻のアトリエのドア

2階は夫の、1階は妻のアトリエ

池のほとりには河童の像

古代を感じさせるプランター

玄関ホールに並ぶ作品

子育てを楽しむ

遊び場のような家族の空間。

できるだけ小さくまとまらずに
楽しさやデザインを追求したい。
若い夫婦が選んだ家は
子どもが弾けて遊べる空間。

若い夫婦のおおらかな子育て

青空に白い雲がくっきりと浮かび、初夏の陽気となった、6月終わりの土曜日。家中の窓を開け放したO家から、にぎやかな子どもの声が漏れています。

キッチンに立つカオルさんと庭で水まきをするノボルさんの間を、往復するように走り回っているヒナタちゃん（7歳）に、「今日はおうちの写真を撮るので、モデルになってくれる？」とお願いすると、大きな瞳を輝かせて「うん、いいよ！」。

その後、妹のハレナちゃん（3歳）とリビングで追いかけごっこをしたり、庭で一輪車を披露したり、ポーズを取ったり。「いつもこんな感じ。にぎやかなんです」と、そばで見つめるカオルさん。

明るくて、素直で、ちょっぴりおしゃまなかわいい姉妹の姿から、O家のおおらかな子育ての様子が伝わってきました。

コーナーごとに過ごし方が楽しめる、多目的ワンルーム

キッチンのお母さんがハラハラするほど、妹を抱えてぶんぶん回るヒナタちゃん。広いリビングスペースだから、遊び方もダイナミック

玄関のファザードには小さな窓で遊び心をデザイン

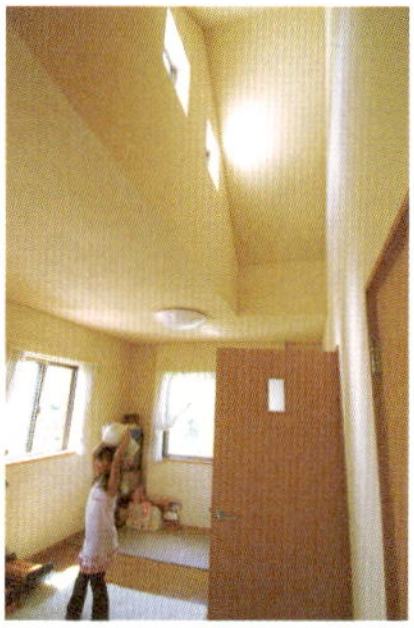

天井が高いので、実寸よりも広く感じる子ども部屋

トイレは大人の落ち着いた雰囲気にしてお気に入りの場所

ゆるやかな傾斜の地面が、
面白さを演出

リビングと庭は広いデッキ階段で一体感

子どもを見守るレイアウト

3年前の新築の時、プランに対して「モダン、シック、無機質」を希望した夫と、「かわいくてあったかい、お菓子の家」をイメージした妻。大きく分かれた好みは、2人の共通の願いだった「子どもの姿が見えるレイアウト」を基本に、最終的には、シンプルで温かみのあるプランに落ち着きました。

1階は、畳コーナーも含めてワンルーム感覚の広々したLDK。アイアンの手すりがおしゃれなリビング階段は、1階と2階の距離感を縮める役目。子どもたちの声や気配を伝えます。

「子どもはいつも走り回っていますが、おもちゃを広げるのは2階の子ども部屋という約束をしているので、1階では寝転がって本を読んだり、ビデオを見たり、トランプやビーズをするぐらい。友達が遊びに来ても散らかって困ることはないんですよ」とカオルさん。大人にとってもくつろげる空間であるために、大切な「ルール」です。

どこに居ても、両親に見守られながら

かわいくて朗らかな庭づくり

家の完成から2年後、設計士に庭のプランニングを依頼。「ありきたりでなく、楽しくて、ちょっと変わった感じに」「木をたくさん使って」「子どもの遊び場だけど、おしゃれなデザインに」などを要望として伝えました。

スチールと板を組み合わせ、末広がりになった個性的な塀。ゆるやかに傾斜のある芝生広場。シンボルツリーが点在し、回遊性のある植え込み。オリジナルなランプやポスト。出来上がったのは、かわいくて、開放感いっぱいの庭。もちろん、ヒナタちゃん、ハレナちゃんにとっても、絶好の遊び場です。

額に汗をにじませながら、モデルとして大活躍したこの日の2人。「梅ジュースができたよー」というお母さんの声に、デッキをかけあがってキッチンに飛び込んでいきました。

かわいい雑貨も大切な脇役

夫の「モダン&シンプル」志向を色濃く反映した外観

■コミュニケーターから

モダンさだけを追うと、どうしてもデザイン優先で住みにくくなりがち。そこで、居住性は「子育てを最優先して、子どもがのびのびと育つ家にしたい」というカオルさんの意見を中心に考え、「モダン」を望むノボルさんの好みは外観デザインに生かして、両者の「要望」をかなえました。庭も同様で、板塀や芝の丘など“やわらかさ”はカオルさん、板塀と組み合わせたスチールはノボルさんの「モダン好み」を反映しています。

スローライフを楽しむ

ココロとカラダと
チキュウにやさしい暮らし方。

自分たちの野菜ぐらいは作って
食にも住にも心を配る。
そんな地に足のついた暮らし。
あこがれだけで終わらせない！

早寝・早起きで健康生活

鳥たちが朝の訪れを告げる５時ごろ。M家のいつもの朝が始まります。夫のマサヒトさんは２頭のラブラドールを連れて散歩に出掛け、妻のモトコさんは朝食の準備も兼ねて目の前の自家菜園へ収穫に。旬の朝採り野菜を使った料理を手早く整え、散歩から帰ったマサヒトさんと滋味豊かな食卓を囲みます。

それから出勤、帰宅後も共働きのあわただしい時間が過ぎ、「スローライフには程遠い忙しい毎日」ですが、早寝・早起き・畑仕事がもたらしたのは、風邪すらめったに引かない健康生活。マサヒトさんは営業という仕事柄、付き合いでお酒を飲む機会も多く、不健康な生活になりがちだったそうですが、今は「よく動き、よく食べ、よく眠る生活」のおかげか、肉体的にも精神的にも健康になったと感じています。

リビング北側の畳コーナーは、「和」になりすぎないように、素朴で無国籍な雰囲気づくり

アメリカ西部の開拓時代を思わせる外観。5年を過ぎ、自分たちで3日間かけて外壁をペンキで塗り直した

モトコさんは、ラーメンもダシからとって作る、こだわりの料理人。休日には手間をかけておいしいものを食卓に運ぶ

「土作りをしていると、自分を浄化できる」とマサヒトさん。「もう都会には住めない感性になってしまったかも」と苦笑い

使い込んだ長靴は、農作業の必需品。毎日使って、しまいこまないものだから、見た目も重視。デザインや色にこだわって選んだ

白いタイルがさわやかな洗面コーナー。モトコさんがタイルを貼った力作です

お互いの気配を自然に感じながら、人と犬とが共生する住まい。心地いい空間は毎日がリゾートです

“情熱”と“こだわり”が生んだ家

田畑の間に民家が連なる一帯で、異彩を放つ外観。西部劇に出てくるような高床式の洋館です。築6年目のM家はもともと、独身時代にモトコさんが犬と暮らす家として建てたもの。長年温めてきた夢を実現するため、プランはもちろん家の模型まで作って設計士にイメージを伝え、材料や色、仕上げの細部まで徹底的にこだわって完成させました。

プランニングの途中、どうしても予算内に収まりきらなかった個所は、自身が施工することでカバー。建築現場に日参し、大工や左官に教えを仰ぎながら、タイルを貼り、建具を製作し、壁を塗って、自分が思い描いていた空間にほぼ近いものを作り上げたのです。

玄関ホールから続くテラスには、テラコッタタイルと石の洗い出しという、テクスチャーの異なるものを合わせて空間に変化を

モトコさんお気に入りのコレクションは、「実用的で鑑賞に耐えるもの」が選ぶ基準。アジアンテイストの2階窓辺

癒される空間

田舎暮らしにあこがれが全くなかったというマサヒトさんは、結婚後しばらく畑仕事がストレスになった時期があります。自分たちで食べるくらいを作るつもりの畑でも、休日が丸一日つぶれてしまう作業量があるうえ、農薬や殺虫剤を使わないため、虫や雑草とも格闘しなければなりません。

建物のイメージを伝えるため、設計事務所に持ち込んだ模型

畑でとれるものはもちろん有機無農薬。色もつやつやかできれい

それでも、自分の手で育てた野菜や自家製の漬物、果実酒の味は格別。あれほど苦痛だった畑仕事も今ではすっかり生活の一部になり、次は何を植えようか、あれこれ挑戦して楽しめるようになりました。

おしゃれで、遊び心を持ちながら、自然体で無理のない、地球にやさしい暮らし。そんな2人のライフスタイルにあこがれて、M家を訪れる人は後を絶ちません。

自家製のらっきょう漬けや桃酒はガラスのおしゃれな瓶に入れて

■コミュニケーターから

自分で家の模型まで作るほど、具体的なイメージを持っていたモトコさん。ただ、希望する形が"一般的な家"ではないだけに、本人の意図を職人に正確に伝え、ベストの方法を考えながら、「きっちり作る所」「あえてラフに作る所」「施主が自分でする所」を、みんなで共通理解しておく必要がありました。それにしても、休日は早朝から現場に入り、壁塗り・タイル貼り・建具製作までやりとげたモトコさんには脱帽です。

リビングからダイニングを眺める。光あふれる開放的な空間

庭づくりを楽しむ

一枚の絵のような世界を作り上げる。

ガーデニングにはまった夫が
丹精こめて育てた庭。
清楚で繊細で緻密な世界は
だれにも真似ができません。

玄関ドアや家の外周りにも木をあしらってナチュラルテイストに

庭作業は夜明けと共に

Y家を訪ねたのは6月の初め。雨の日が何日か続いた後の、久しぶりに気持ち良く晴れた日曜日の朝でした。

「庭づくりを始めてから、夜明けと共に起きて毎朝庭で作業してから出勤するようになりましたね」と話す夫のヨウイチさんは、休日のこの日も朝4時半ごろ起床、花殻を摘んだり水をまいたりなど、朝の日課である庭作業を逐一済ませ、一段落した様子で迎えてくれました。

石の壁を配した玄関ホール。右側の壁は一面クローゼットに

繊細な姿の草花が寄り添うように咲き競うY家の庭は、すべてヨウイチさんの作。7年ほど前、植栽を趣味にしている同い年の知人男性の庭を見て「すごいなぁ」と感動したのが、そもそものきっかけです。本や写真集を手本に見よう見まねで庭づくりをするうち、次第に同好の輪が広がって、土づくりや花に関する情報交換をする仲間が増え、お互いの家を行き来しあうなかで、刺激しあい、教えあって、ますます深みにはまっていった(!)のだとか。

時間があれば庭に

ブドウの蔦がからまる木製のゲートをくぐると、レンガの小道を覆うように草花が咲き競うナチュラルガーデンが広がる

庭から見た外観。照明が付いているのは、1階リビングルームの南側に設けたアールのデザインウオール

アイビーがからまって面白い表情を見せる塀

清楚なナチュラルガーデン

初期には赤や黄色の派手な花や大輪の花も植えていたそうですが、徐々に自分の好みが絞れてきて、多品種の葉ものの間で白やブルーなど淡色系の小花がかれんな姿を見せる、ナチュラルテイストの庭に仕上げていきました。

中でもヨウイチさんが凝っているのは、カラーリーフと呼ばれる葉の美しさが際立った植物。赤茶色の銅葉、白や灰色がかった銀葉、明るめの黄葉や青葉、さらには斑入り葉のものや艶のあるものなど、個性的な葉ものを組み合わせることで、四季折々の変化に富んだ、多彩なナチュラルガーデンを楽しんでいます。

ガレージ奥の裏庭なのでちょっと遊んでみました

作業は夫、撮影は妻

「カラーリーフで好きな品種なら、たとえ1株しか手に入らなくても植えます。うちの庭に植えているのはほとんどが宿根草なので、何年かたてば株も増えていきますし、育てる楽しみというか、一枚の絵のような世界を作っていくのが何よりの喜びですね」とヨウイチさん。

そばで「朝早すぎて私はとても付き合えません」と笑う妻のミエコさんは、庭作業の一切をヨウイチさんに任せて、草花の写真を撮影する役割に徹しているのだとか。

庭の草花たちが夜明けの光に照らされて特別きれいに見える朝まだき。ヨウイチさんにとっては、コーヒーを手にベンチに座って、その繊細な表情の一つひとつを鑑賞しつつ、次に何をやろうかと考えを巡らせる、至福の時間です。

■コミュニケーターから

車が趣味だったヨウイチさんの計画で始まった家づくり。「夫婦二人のための空間を楽しい雰囲気に」を全体のテーマにプランを進めましたが、東側道路から家の中が見えてしまうため、南側を開放しながらどう視線を遮るかが問題に。南側テラスにアールの壁を作って建てることで、アウトドアリビングも生まれ、結果は◎でした。ヨウイチさんがその後、素晴らしい庭づくりをされたのには、正直びっくりさせられました。

庭から見たアールのデザインウォール

北側の庭は背の高い樹木を植えて、周囲の道路から目隠しを

ナチュラルガーデンは、外からの視線を遮るために設けたデザインウォールの向こう側にあり、リビングからは見えない。この壁を数カ所くり抜いて庭が見えるようにしようかと思案中

思い出いっぱいの家にしたい。

家を建てたことで
家族みんなに笑顔が増えた。
ハートフルな物語は
まだまだ現在進行中。

1階は垣根を取り払ったワンルーム

ミモザと枝垂桜があでやかに花を咲かせる庭を通り抜け、玄関のドアを開けるとすぐに「いらっしゃい」の明るい声。

夫のセイイチロウさんは暖炉の前で、妻のユキエさんはキッチンカウンターの向こうで、こぼれるような笑顔で迎えてくれました。

K家は、玄関からリビング、ダイニング、階段室まで、一切仕切りがありません。「家族それぞれが気軽に人を呼べるように」「キッチンには居酒屋風のカウンターを」「リビングに大きな本棚を」「薪ストーブの火を見ながらゆっくりしたい」という家族の願いをかなえるため、1階はワンルームにして使っています。

一つの大きな器の中に色とりどりのおもちゃを入れたような、変化に富んだ楽しい雰囲気が、特徴であり、魅力であり。玄関横の庭に面した場所には囲炉裏、中央の薪ストーブの周りには木づくりのイス、一番奥にはキッチン、階段室の壁一面は本棚…と、コーナーごとに表情が違うため、ワンルームでも平板な感じはしません。

囲炉裏テーブルにごちそうを並べ、おいしい時間の始まり

ゲストのためでなく、住む人のために

両親の住む母屋と同じ敷地内に、人を迎えるための小さな家を建てよう——それが、そもそも家づくりの出発点。大学で教鞭をとるセイイチロウさんの元には以前から知人や学生らが訪ねて来ており、ユキエさんも詩の活動などを通じて自宅で集う機会が増え、4人の娘たちも友達を呼びたい年ごろになって、人の出入りが一層多くなり、そのために独立した空間が必要になっていました。当初はゲストハウス的なものを、1000万円ほどの予算で考えていたそうです。

けれども、オープンハウスの見学などを通じて「設計された家」に出合い、細かいところまで暮らしやすさに配慮された家づくりに感動。

「来客用の家」から「家族の家」へと意識が変わり、予算も立て直して、住む人が生活を楽しめる家づくりを考えていきました。

猫のミーちゃんは静かに夜のお散歩中

夜は、明かりがくっきりと構造体を映し出し柱や梁が空間を引き締めているのが分かる

薪ストーブ後ろの、ガラスブロックを洗い出した壁は、セイイチロウさんが施主施工

ミモザと枝垂桜が幻想的な雰囲気を醸し出している夜の外観

1人でも、大勢でも、居心地良く

新しい暮らしが始まって一番の変化は、以前にも増してたくさんの人が訪れるようになったこと。見渡せば、生命科学を専門にするセイイチロウさんがフィールドワークで集めてきた、ユニークな自然のコレクションの数々や手作りの家具、ユキエさんがしつらえた自然素材のインテリア、たくさんの蔵書など、おしゃべりのネタがそこかしこにあふれ、時には薪ストーブで作った焼き芋も場を盛り上げる脇役になります。

何より、家族の温かな笑顔が、最高のおもてなし。1人で居ても、大勢で居ても居心地の良い家には、自然と人が集い、より多くの出会いと笑顔が運ばれています。

「カフェみたい」とよく言われるオープンキッチン

■コミュニケーターから

広めの書斎を建てるつもりだったご夫妻に、同じ建てるなら、今までの生活になかった楽しさが生まれるような器にしませんか? とはたらきかけたところ、今度は要望が次々出てきたのにはうれしいやら驚くやら。「持っているテーブル材とガラス塊を利用したい」という声を「形」にして喜んでもらったり、引っ越しパーティーのとき、「終わったのが寂しいわ」とユキエさんに言ってもらったり。思い出深い仕事になりました。

セイイチロウさんがぜひ実現したかった壁一面の本棚

一見ガラクタのようで、一つひとつ味のある主のコレクション

薪ストーブの前では父と娘の語らいも自然に弾む

“静”の夫と“動”の妻が、快適に暮らせる「終の棲家」。

定年後のセカンドステージ。
趣味も生活習慣も違う夫婦が
どうすれば快適に暮らせるか。
一つの見本になるカタチです。

退職後の予定を変更し、2軒目を新築

夫の仕事の関係で、結婚直後からずっと県外での生活。退職後は夫の故郷に帰り、家を建て、年老いた両親を見守りながら、夫婦2人でのんびり暮らそう——そんな人生設計を描いていたOさん夫妻でしたが、年老いていく両親への思いが帰省のたびに強くなり、予定を早めて家づくりの準備に取り掛かりました。

新しい家は、夫妻にとって2度目となる新築。1軒目の住み心地や経験を元に「良かった点」「不満な点」を整理し、「子育て中心」から「夫婦の暮らし」に視点を変えて、「老後」を楽しく、快適に送るための必要条件を洗い出しました。

そうして絞りこんだのが、「平屋」「一つひとつの空間を広く」「収納を機能的に」「動線をシンプルに」「夏涼しく冬暖かく」「ローメンテナンス」「2人の息子の両家族が泊まれる部屋」などの条件。万が一に備え、廊下の幅、トイレの広さ、コーナーのゆとりなど、随所に「車いす対応」も考慮しました。

常備菜を利用しながら手際良く作ってくれたランチを、おいしくいただきました

料理カードとおもてなしカードを記録し、「同じお客様に同じ料理は出さない」という徹底した姿勢はさすが

ガスレンジ横の調味料入れの高さまで、細かく指示してシステムを組んだキッチン。
3種類の布巾掛け（包丁拭き、台拭き、食器拭き）までムダなく配置され、満足度は
高い。洗面所まで幅広の直線コースでつながっているのも使い勝手満点

暮らしのコンセプトを明快に

実は、「終の棲家」を形づくっていくとき、最も大切にしたのが、夫婦それぞれの趣味・嗜好・ライフスタイル。

読書や日向ぼっこが好きで休日は専ら家の中で過ごす“静”の夫と、料理を作るのも食べるのも大好きでガーデニングやジム通いが日課、好奇心旺盛で行動範囲の広い“動”の妻。超朝型人間の夫は、起床・就寝時間共に、妻とは3時間以上ズレのある生活スタイルを送ってきました。

そういう2人が、「毎日が日曜日」となるセカンドステージで、お互いにストレスを受けず、快適に暮らすためには、どんな配慮や工夫が必要なのか。「コンセプト」をはっきり確認し、プラン上でシミュレーションしながら、間取りや動線、物の配置、仕様などを細かくチェックしたといいます。

シンプルでモダンな外観も当初からの希望

後悔のない住み心地

単身赴任で県外生活を送る夫より一足早く、完成した新居での生活を始めた妻のユミコさん。打ち合わせに長い時間をかけ、建築中も「もう一人の現場監督」と言われるぐらい家づくりにかかわったおかげで、「ああすれば良かった」という後悔が全くないほど、満足のゆく出来上がりになりました。

「なんでも面白がる性格なので、大工さんや左官さんら、職人さんの仕事を見るだけで楽しくて、工事が終わるのが寂しかったぐらい。鉢やコンピューターを置く台も、職人さんの力を借りて自慢の作品ができたんですよ」と笑います。

隣地に住む両親を病院へ送迎したり、買い物に一緒に行ったりしながら、趣味やジム通いに精を出す、忙しくて充実感のある毎日。あと数年すれば夫も加わって、念願の夫婦二人暮らしが始まります。

趣味のガーデニングを置いたコート（中庭）から、気持ちいい風がリビングに吹いてくる

■コミュニケーターから

ユミコさんは新しく建てる家にはどんな機能が必要で、どういうイメージにしたいか、すべて書き出して最初の打ち合わせにみえました。それを「平屋でコンパクトな家」にどうやって収めるか、予算を考えれば、100パーセント希望通りにはいきません。優先順位を再確認して、充実させる所と我慢する所のメリハリをどうつけていくか、あらためて検討してもらい、納得してもらいながら、プランを進めました。

アールをデザインして、やわらかさと広がりを表した玄関ホール。上がり框をなくして足の負担をなくす配慮も

和室と床面との段差（35cm）を活用した引き出しには、ホットプレートや大皿など重量のある道具が入れられる

キッチン横のパントリーは、どうしても欲しかったスペース。アイロンコーナーも設けた家事室としての機能も

キッチン南側の和室コーナー。濡れ縁でたばこをふかせる、夫の居場所でもある

しつらえを楽しむ

改装で完成度の高いフレンチカジュアルに。

ふらりと立ち寄っても
いつも美しく整えられた住空間。
コーディネートの達人は
片付け名人でもありました。

"パリの片田舎" のテイスト

窓辺に並んだガラスの小瓶、アンティークのインテリアや雑貨、やさしい表情のリネン類…。一つひとつが輝きを放ちながら、絶妙なバランス感覚でコーディネートされたN家の1階フロア。おしゃれな雑貨店に足を踏み入れたような、高感度のフレンチカジュアルスタイルです。

「使い込まれた味わいが好き」と話すアケミさんがアンティークに魅せられたのは30代半ば。最初は手近に買えるものを集めていましたが、息子2人の子育てから手が離れ始めると、神戸、京都、東京と行動範囲が広がり、骨董市やアンティークショップに足を運ぶようになりました。

「理想はパリの片田舎の雰囲気かな。ヨーロッパ出張の多い夫も、嫌いなテイストではなかったので、家の中はどんどん私の好きな世界に染まっていきました」と笑います。

アールの壁にくり抜かれた、洞穴のような門を入ると、奥にアンティークガラスのきれいな玄関ドア。薪置き場としても活用している空間

家の外壁をそのまま塀にしたら、という発想から、新たに建築されたアールの外観。和風でも洋風でもない、抽象化したデザインの面白さも

玄関土間は、外のような中のような、あいまいな空間

ドアを開けると、アケミさんお気に入りの眺めが広がる

コレクションに合う空間に大改装

築後20年の和風住宅を、工夫を凝らしながらコーディネートしてきたアケミさんですが、息子2人が独立し、夫婦2人だけの落ち着いた生活になると、家の構造に対する不満が募る一方。「この段差がなかったら」「玄関までがワンルームだったら」と、「理想と現実」のギャップは日ごとに大きくなり、ついに「もっと毎日が楽しくなる空間に変えたい」と1階全体の改装を決意したのです。

希望したのは、部屋全体をワンルーム感覚に広くすることと、部屋の隅々まで手持ちのインテリアや雑貨が生きるような質感にすること。設計士と入念に打ち合わせを重ね、約3カ月後、希望通りのプランが完成しました。

ただし、「こうしたい」という思いが強かっただけに、いざ工事が始まると「本当にこれでいいのか」と不安が増し、眠れない夜が何度もあったとか。

「気に入った洋書やお店からイメージを持ってきたつもりでも、自分が選んだ素材が的を得ているのかどうか、それが本当にわが家に合うのかどうか、実際に形になるまで自信が持てなくて、ずいぶん迷ったり悩んだり。強度面で取れない柱があったり、予算的に膨らんだりして、あきらめた個所もありますが、最終的には、自分が理想とした空間の90%が実現できました。満足しています」

想定外のうれしいプラスアルファも

思い描いた“理想の空間”での暮らしはどうですか？との問いに、「ご機嫌度アップですよ」と明快な答え。

床や天井、壁、柱など室内仕様がイメージ通りの質感に仕上がったので、お気に入りの雑貨や花などを違和感なく飾れて、しつらえが思う存分楽しめるようになりました。

また、夫が希望した「薪ストーブのある暮らし」は思った以上に面白味があり、知人の家に間伐材を取りに行ったり、チェーンソーや斧を購入したり、これまでの生活にはなかった「新たな楽しみ」をもたらしました。

素朴でやさしく、かわいらしく、どこか優雅で
上品なテイストが、フレンチカントリーの特徴

そのほか、玄関の外壁に遮音効果があり、車や人の気配がほとんど伝わらず、静かで落ち着いた環境が得られたこと。玄関ドアから部屋を見渡したときの眺めが気に入っていて、帰宅するたびに気分が良くなること。洗面所やキッチンと直接つながったワンルームにして、とても移動が楽になったこと。これらは建築デザインによってもたらされた、夫婦にとっては「想定外」のうれしいプラスアルファです。

もともと「家の中がすっきりと片付いた暮らし」が当たり前のN家。男の子2人が幼いときから、絵本やおもちゃを出しっぱなしにすることはなく、テーブルの上には季節の花を挿した花瓶が1つ、出窓や家具の上には意識的に飾るものだけ、便利なものは隠して使う、という流儀を貫いてきました。

人がうらやむ素敵な暮らしは、長い間のセンスアップの積み重ねがあってこそといえるのでしょう。

薪ストーブの前の"夫の定位置"にはお気に入りのいすをセッティング

天井を取り払った大きな空間。床はモロッコのテラコッタタイル貼り

■コミュニケーターから

和風住宅から洋風へのリフォーム。周囲から違和感を持って見られないように配慮しつつ、玄関を大きく変えて印象づけたい。そのために、どんなデザインや素材の玄関壁にするか、アケミさんを交えて何度も話し合いました。デザインがアールに決まり、重いアンティークドアやタイル床に負けない存在感ということで、石積みに決定。硬すぎず、大きすぎず、不均等で面白く、ちょうどいい大きさの石を探すのにとにかく苦労しました。

和モダンを楽しむ

懐かしさを
スタイルに残して。

先祖から受け継いだ家を守りながら、
快適に住みこなす。
やっかいに思えた命題を
発想を変えて解決しました。

築110年余りの民家を再生

明治16年の建築、藁葺きにトタンをかぶせた立派な屋根と頑丈な造りで、100年以上にわたり家族代々の営みを守ってきたW家の母屋。先祖の歴史をつなぐ財産である半面、今を暮らす家族にとっては、暗くて、寒くて、段差の多い、生活するのに不満がいっぱいの家でもありました。

リフォームするか、建て替えるか、結論を出せずにいた間、「新築する方が簡単」「こんなに古い家をリフォームしても、長くはもたない」など、周囲は建て替えを勧める声ばかりでした。けれども最終的には、「先祖から受け継いだ家を自分たちの代でつぶしては申し訳ない」「古いものの良さを生かしたい」との思いからリフォームを決断したそうです。

リフォーム前は藁葺きの屋根

屋根の高さを少し低くした以外は、元のフォルムを崩さず、ガルバリウム鋼板で葺いたリフォーム後の外観

玄関ホールを取り込んだリビング南側の空間。梁や柱など「古いもの」と、薪ストーブやピクチャーウインドウなど「現代的なもの」をマッチング

間取りはほとんどそのままで

古い家の雰囲気をできるだけ残すため、外観や間取りといった「スタイル」はほとんど変えずに、梁や建具も古いものを使いました。一方、最大の欠点だった「暗い」「寒い」「使いにくい」を解消するため、床をフラットにし、採光や照明に配慮したり、薪ストーブを設置したり、キッチンや洗面所、トイレ、浴室に機能性の高い設備機器を取り入れたり。見違えるほど明るく、暖かく、快適な生活空間に生まれ変わりました。

薪ストーブの前に座ると、自然に心がなごむ

古い道具類を季節に合わせて飾るのも楽しみの一つ。時には紬の着物や友禅の帯をタペストリー代わりに掛けて、ちょっとした冒険も

食卓からテレビが消えた

漆喰の白い壁に、長い歴史を刻んだ漆黒の梁が美しく調和するリビング。以前は暗くて寒々としていた部屋が、開放的なモダンテイストの"晴れの間"として装いを一新、友人や親戚が気軽に集まる場になっています。

代々伝わる古い道具類や着物、帯、焼き物などを、現代のクラフトや趣味のステンドグラスと一緒に、インテリアとして飾る楽しみも加わりました。

そして大きく変わったのはテレビの姿が消えたこと。リフォーム後、家族のだれも「テレビを置こう」と言わなかったため、「ないまま」の状態が当たり前の風景になりました。

テレビの代わりに増えたのが、家族の会話と笑顔。「きっとご先祖様も喜んでくれていると思いますよ」とご夫婦。再生された築110年の家は、新たな魅力を増して、次の世代が住み継ぐ確かな財産になったようです。

玄関は明るく、シンプルに

キッチンから裏山の美しい自然が

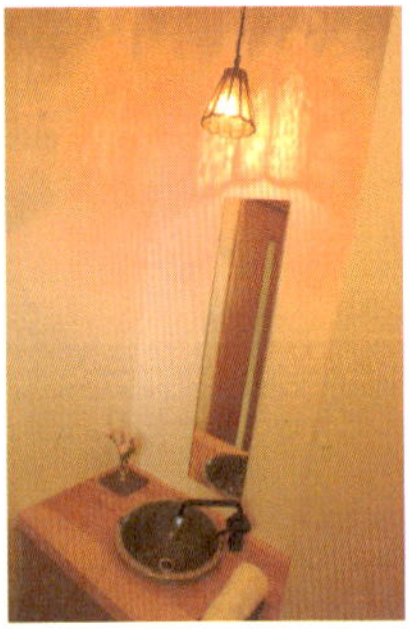

オリジナルな手洗いコーナー

■コミュニケーターから

伝統的な家屋が建ち並ぶ地域性を考え、屋根の形をあまり変えないことで、周囲の家並みに合わせ、住み続ける家族にストレスがかからないように配慮しました。家の中については「寒さ」が一番の悩みになっていたので、日の当たる南側は吹き抜けとストーブで、日当たりの悪い北東の台所と洗面所は天井を貼って床暖房で、それぞれ「暖」をとれるようにしました。

微妙に表情が違う梁の1本1本が歴史を感じさせる、懐かしくて新しい空間。蔵の中にしまってあった屏風をスクリーンのようにしつらえた

人生を集大成した「私の店」。

持ち前の感性と行動力で
独自の世界を開拓してきた女将。
懐かしくて新しい「舞台」で
たくさんの人をおもてなし。

客足の絶えないおばんざいの店

カップルや女性グループ、勤め帰りの男性で、いつもにぎわいを見せるおばんざいの店「きむら」。てきぱきと指示を出しながら店を取り仕切るのは、店主の木村廣子さん。ベリーショートのヘアスタイルと、歯に衣着せぬ物言いで知られた名物女将です。

子どもの独立を機に、家庭料理の小さな店を出したのは、およそ20年前。ていねいにだしをとり、旬の素材と厳選した調味料で作る料理が評判を呼び、店は繁盛しました。

手狭になった店を広げたいと思い始めたころ、知人のつてで見つけたのが、築63年の古い民家。頑丈な柱や梁、風情のある天井や木製建具、窓ガラス、坪庭…。戦火を逃れ、昭和の名残をとどめた姿に、強く惹かれたといいます。

古い民家のたたずまいをそのまま残した外観

とりどりのごちそうを前に、食べて、飲んで、しゃべって、みんな実に楽しそう。次々に料理や酒をオーダーしていく

カウンター奥の石壁は、重厚な梁やカウンターを受け止める空間的役割

戦前の面影をとどめた坪庭には、
大正ロマンの雰囲気が宿る

和室は重くならないよう、シンプルで
すっきりとした造りに

築60年を超す古家に新たな息吹を

「こんなボロ家、使いもんになるかって言われたけど、このガラス、この天井、この庭は、今の時代、街中で絶対に価値を感じてもらえるはずという自信がありました。それは、言葉で説明できない自分の感性。これまでの経験すべてがものの見方や選び方になって、直感的に判断したとしか言えないわ」と木村さん。

料理を手始めに、刺繍、絵画、骨董、食器、テーブルコーディネート、フラワーアレンジと、勉強する分野をどんどん広げ、おいしいものや耳寄りな情報があれば、全国どこへでも足を運んで、自分の目や舌で確認してきた経験。その積み重ねで養われた独特の感性が、"ボロ家"に隠れていた「輝き」をみいだしたのです。

「料理と器が楽しめる店」にふさわしく、新たにデザインされ、改修され、磨かれた古家は、女将の情熱の下に息を吹き返しました。

スタッフにテキパキと指示しながら、人一倍動いて目配りを利かせる女将

心が癒される空間に

食道楽の両親の元で“おいしいもの”を食べて育ち、料理で人をもてなすことが喜びになった木村さん

柱や梁の骨組みがあらわになった吹き抜け空間に、存在感のある石積みの壁、一枚板の厚いカウンター…。古さの中にモダンを取り入れた「きむら」は、懐かしさと新しさが同居する店。家庭料理を基本にさまざまなアレンジを加えた「きむら流おばんざい」がそうであるように、絶妙なさじ加減で成り立っている魅力があります。

「一言で言えば、私の趣味ですね。料理も器も、全国から集めた吟醸酒も、飾っている道具や小物一点一点も、みんな自分の感性で選んだもの。でも不思議なことに、私の意にかなったものなら時代や国や値段に関係なくどんなものでも違和感なく合う。そういう懐の深さを、この空間は持っているんですよ」

これまでの人生を集大成したような店で、素材や器の組み合わせを、絶妙に表現して見せる女将の感性と技。それを見る楽しみもあって、きっと多くの客が足を運んでいるのでしょう。

■コミュニケーターから

前の店は繁華街のビルの中にあって、男性客が多かったのですが、移転する場所は街中から少し外れた郊外に近く、女性客に好まれる雰囲気にしなければ繁盛しないと判断しました。そこで、古い家を女性好みの「レトロモダン」に改装。坪庭に面した古い窓をきれいに磨いてそのまま使ったり、古い梁や石積みの壁で変化をつけたり。オープン直後から女性客がどっと増え、地元マスコミにも取り上げられて、すっかり人気が定着しました。

カウンターの上には、大皿、大鉢に盛ったごちそうがずらり

平日の夜も客足は途絶えることがない

2

ご機嫌暮らしの仕掛け人
オカダイサオの
極楽生活術

ニカッと笑って核心を突き、

施主のツボに入り込む。

コミュニケーター・オカダイサオの毎日は、

パワー全開＆超ポジティブシンキング。

その極楽生活術を探ります。

01 本当の豊かさは「シンプル」にある。

岡田　勲（おかだ・いさお）
1943（昭和18）年、山口県岩国市に生まれる。62年、日立製作所に就職。67年、「ものづくりにあこがれて」、本籍地の岡山市に帰り、大工の棟梁宅に弟子入り。3年後に独立、71年、ミサワホーム岡山に入社。建設部長を経て、取締役企画室長。81年、同社を退社し、(株)北屋建設を設立。「デザインの時代」を予測し、91年、一級建築士事務所「飛夢房」を開設。01年には「企画とコミュニケーション」をテーマに、アーバンデザインコンサルタント（有）ライアを設立。「動きながら考える」行動派。

「白い箱」をイメージした社屋外観。屋上には遊び心の「風見くじら」

気分爽快で朝を迎える

生活の基本は「健康第一」。元気じゃないと、健全な考え方はできないし、行動にもつながらない。小学校3年生まで体が弱かったから、健康の大切さは身にしみている。

健康を計る僕のバロメーターは、朝、爽快な気分で目覚められるかどうかということ。目が覚めたとき、体が軽くて、すっと動けて、ご飯がうまい。もちろん快便！

振り返れば、若い時から朝に強く、夜に弱かった。夜更かししない、タバコは吸わない。酒もほとんど飲まない。目が覚めて「よし、やるぞ！」とワクワクする気分で迎える朝に勝るものはない。

新しい暮らし方を探る

物質的な豊かさを求めた20世紀、家の中は物があふれた。日本人は本当に満たされたのか。大切なものを見失ったのではないか。心豊かに暮らすとはどういうことか、21世紀の暮らしとはどういうものだろう。ずっと答えを探していた。

「本」はポイントだけを“いいとこ取り”。読むのも速い

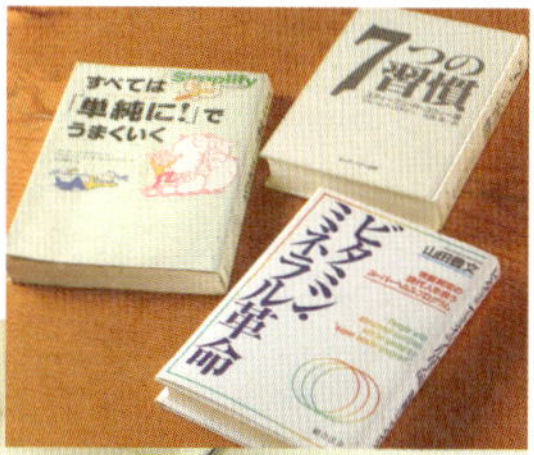

「社長の机」をあえて置かずに、どこでもパソコンを広げて仕事をする

1999年、事務所を改装した。シンプル&モダンがテーマの「白い箱」は、人の存在感を際立たせ、四季の変化を色濃く映す。良くも悪くも物事がはっきり見えだした。「白い箱」になって、人や仕事の動きはずいぶん整理されたと思う。

そして数年前、一冊の本と出合った。本のタイトルは、『すべては「単純に!」でうまくいく』(飛鳥新社刊)。「物」「金」「時間」「健康」「人間関係」「パートナー」「自分自身」の7つを見直し、余分なものをそぎ落として人生をシンプルに、楽に生きようという、人生の整理術を指南したベストセラーだ。この本を読んで、僕の中にあった漠然とした思いは確信に変わった。「減らせば減らすほど豊かになる」という考え方は、僕が探していた答えそのものだったのだ。

以後、会社の中でも自宅でも、余分なものを整理することに挑戦し続けている。肉体改造にもチャレンジ。脂肪を落とし、筋トレを始め、おなかを引っ込めた。「シンプル」を追求して、豊かに、自由に生きたいと思う。

人生後半のステージづくり

65歳になったら会社を引退し、別のスタンスで仕事や活動をしたいと考えてきた。社会や地域に役立つことをしながら、田舎に暮らし、おすそ分けできる程度の量の野菜をつくり、時には友人や仲間を招いてのんびり過ごしてもらう。そんな生活を送るための新たな器として1999年に完成したのが「望麦舎」だ。

元は築後80年ほどの民家である。当時としては一般的な造りだが、躯体が頑丈だったので柱や梁で補強を加え、間取りや設備は現代生活に合わせて変更した。

設計的には、新しい田舎暮らしのスタイルとして「モダン」をテーマに、一方で“作りこみ”すぎないよう、意識的に完成度を下げるように心掛けた。素材や色彩など、統一させないで、あえて外した個所がいくつもある。

例えば、レンガを積んだように見える玄関外壁はセメントで作った“擬石”だし、

02 描いたのは、モダンな田舎暮らし。

この地域の典型的な農家住宅を、フォルムは残しながらモダンに改装。母屋の風見鶏の向こうにうっすら見える屋根が新築部分

1階リビングホールの収納扉には施主の家でお払い箱になった流し台の扉を再利用。許容範囲ギリギリの“ズレ”が遊び心だ。スキもムダもある、おおらかな空間に出来上がったと思う。

望麦舎は、子どもが独立した後の、夫婦2人暮らしの生活の場でもある。人をもてなす「晴れの間」と「普段遣いの間」とは玄関を軸に左右に切り離し、後者は老後を配慮して合理的なプランにした。部屋同士が隣り合い、「その部屋で使うものはその部屋に収納」を徹底させ、掃除や片付けが楽な素材を選んだ。見た目より使い勝手優先の空間だ。

「晴れの間」は、吹き抜けやクラフト作家の作品が、非日常性や面白さを感じさせてくれる。展示会場として利用してもらうことで新しい知己も増えた。薪ストーブで作る焼き芋が、何よりのおやつとして喜ばれるのも一興だ。

朝は犬の散歩から始まる

玄関のR壁は、和と洋のつなぎ間でもある

新築した「普段遣いの間」は使いやすさ最優先で、廊下なしのワンルーム感覚。寝室（右奥ドア）、風呂と洗面所（右手前ドア）もLDKと直結

03 失敗し、学んで、楽しむ畑づくり。

スローライフは畑から

「望麦舎」に住むようになり、田舎暮らしに不可欠の畑づくりを始めた。

見よう見まねから入った50歳半ばのシロウトは、することなすこと失敗だらけ。肥料が足りない。植えたものがうまく育たない。たまたまたくさん収穫できた次の年、喜んで同じ場所に同じものを作付けしたら、ほとんど収穫できず、「連作」がダメだと初めて知った。それでも、5本だった畝は7年間で20本まで増えた。腐葉土も作り始めた。栗、柿、みかん、ぶどうの苗木も植えた。実ったものを回りの人に配れるようにと10年計画で進めている。

もともと失敗は全然苦にならない、というより、失敗から学ぶことに喜びを感じるタイプだ。「お金を使わずに人の倍楽しむにはどうしたらいいか」を考えるのが昔から好きで、失敗の原因を探り、今度はこうしてみようとファイトがわく。

「食」を見直し、洋食から和食に嗜好が変わり、味覚が鋭敏になって、野菜の味がよく分かるようになった。人にわけてあげる楽しみもある。目下、趣味と実益半々というところか。

残るは「料理」の分野である。最近、妻が旅行中の数日間、一切外食せず、オレ流で料理らしきものを数日間作ってみた。なんとか食べられる程度のものしか作れなかったが、料理本を2冊買い、本格的に始める予定である。まずはどこに何があるか、戸棚と冷蔵庫の中を把握することから始めなければ。

野菜は、友人や仕事先、社員らにおすそ分けできるぐらいの量をつくるのが目標。ときには写真のモチーフにしたり、絵手紙のイラストにしたり

育てる

「育てる」という行為が好きだ。野菜、鳩、犬、人間—自分のかかわり方次第で相手が変わっていく過程が面白い。ただし、管理の仕方がモノを言うのは「野菜」や「鳩」ぐらいまで。「犬」以上になると、個々の能力を見極めた、無理に型にはめない育て方が大切だと思う。

特に「子ども」は、親がその良さをつぶしている場合も多いのではないか。わが子3人の子育てにはほとんど参加しなかったクチだが、それぞれの個性を見極め、良いところをつぶさないかかわり方だけは心掛けたつもりである。

表現する

僕はたいていカメラやスケッチ道具を持ち歩く。ただ、写真も絵も、記録として残すより、自分の想像力を表現したいという願望が強い。「見たまま」ではなく「感じたまま」を自分の中に取り込むための方法が、僕にとって写真であり絵であるのだ。

絵だと省略化や簡素化することが多いし、写真だと構図や絞りが極端になったりする。だから同じものを見ても、他の人とずいぶん違った作品になってしまう。想像の世界を表現するという点では建築のプランニングと共通した感覚がある。

行動する

高校ではハンドボール部に所属した。練習も試合も楽しかったが、一番うれしくて仕方なかったのは合宿。期間限定で目標を設定し、集中した練習の中でひたすら技術を磨く、あの体にたたきこむ感覚が、たまらなく快感だった。

毎年、海外も含めて年に3度ほど旅に出る。僕にとって旅の魅力は、旅行内容を計

鳩の世話も出勤前の日課。鳩小屋は自分で設計・施工

筆ペンとパレットとスケッチ帳はどこへ行くにも携帯

04 オカダイサオの好きなこと。

画し、準備し、それが現地でどのくらいできるか自分の行動力を試し、その成果を味わう過程すべてにある。

あらためて考えると、仕事も同じだなと思う。設計だけではない、建築現場を掃除したり、会社の倉庫を片付けたり、どの仕事でも嬉々としてやってしまう。今日はここでこんなふうにやろうと考えるころからワクワクし、実際にやっている途中も楽しく、終わればそれなりの達成感を感じる。

無理はしない主義で、自分ができる程度のことしか計画しないから、苦にならないのだと思う。「まず動く」「とりあえずやってみる」が僕のスタイルである。

時間優先

今日は7つのことをしようと思ったら、それができるように時間配分をしてからスケジュールを組む。逆に言えば、設定した時間内でできることをする「時間優先主義」。会社でも家でも、それは変わらない。

特別な事情がなければ、話の途中でも「時間だから」と切り上げることが多い。相手にびっくりされることもあるが、大切な話は最初に済ませているから、実害はまずない。もちろん相手の時間も優先する。話の途中で突然切り上げられても腹は立たない。自分にとって重要な話であれば、次の機会を作ってもらえば済むことだ。

例えば庭の雑草を抜いている時、自分で決めた時間がたてば腰を上げるし、やりかけの畑仕事も途中でやめる。時間優先だから、無理がない。計画倒れになることがほとんどない。妻は呆れているが、だからこそ継続してあれもこれもやっている、と自分ではひそかに自信を持っている。

2階の屋根裏は“隠れ部屋”のような面白さを

大工の時代に
愛用した墨つぼ

「晴れの間」は薪ストーブのある吹き抜け空間

心豊かに暮らすとはどういうことか、21世紀の暮らしとは
どういうものだろう。ずっと答えを探していた。

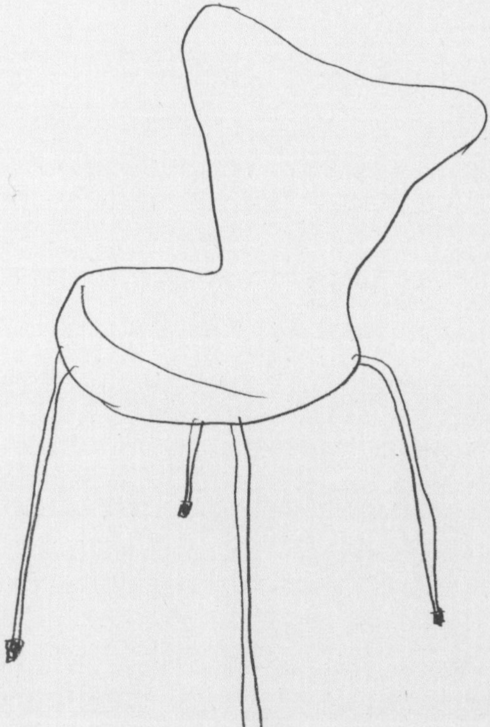

05 家づくりを語る。「ご機嫌な住まい」に不可欠なもの。

必要な機能だけを組み込んだオリジナルキッチン

栗の木の大黒柱が家族を見守る

住む人の「コンセプト」

どんな家に住みたい？ と聞かれて、あれもこれもといろんな答えを用意できる人は多いと思う。じゃあ、あなたの暮らしのコンセプトは？ と聞かれて、明快に答えられる人はどれほどいるだろう。

家は、住む人の思いでどのような形にもなる。だからこそ、具体的な一歩を踏み出す前に、住む人全員の「思い」を理解しあっておく段階が必要だ。

暮らしのコンセプトを確認することは、どんな生き方をしたいのかという問いに通じる。心の中の大切なものは何か、考え方の譲れない部分はどこか、個人や夫婦、家族間でしっかり意見を出し合い、話し合って、共感できるところをコンセプトにまとめておくべきだと思う。

わが家のルール

個人の部屋以外、家は公共の空間だ。リビングやダイニングはもちろん、玄関もトイレも納屋も、そして夫婦で使う場合は当然寝室も、公共の空間になる。

公共の場には、みんなが気持ち良く使うためのルール作りが欠かせない。例えばその部屋で使ったものはどうしまうのか、家族で相談して収納のルールを作る。キッチン

「家のどこかに、変わった空間をつくりたい」
という要望で実現した階段ホール

石積みの壁が玄関のアクセントに

も、お母さんの使い勝手だけでなく、お父さんや子どもたちの希望や意見も反映したルールにする。

まず家族のルールがあって、それが形に反映された家であれば、家事の分担も片付けも自然とスムーズにいくだろう。そして、住む人の思いが詰まったルールをどれだけキメ細かくプランに反映させられるかは、作り手の役割であり、真価の問われるところである。

「3者」のバランス

施主との打ち合わせも、会社で何か相談する時も、僕はできるだけ「3者」が揃うように設定する。2者だと1対1になって話が単調になり、対立した時に逃げ道がなくなるが、3者だと話に客観性が伴い、対立しても落としどころを見つけやすい。「三者会談」はバランスがとりやすいのである。

施主とコミュニケーターと設計士という組み合わせが基本になるが、コミュニケーターと設計士と現場監督とか、コミュニケーターと設計士と職人とか、なんとか3人になるように工夫する。

2人だと一方通行になってしまうことも、3人だと誰かが助け舟を出したりフォローに回ったりすることで、「説得」ではなく「納得」の結果に落ち着きやすい。家づくりには、バランスをとりながら進めていける、こういう三角の関係が、けっこう大事な要素なのだ。

「これからの家」に必要なもの

住み心地が良く、デザイン的にも満足度の高い、「これからの家」に必要な条件はなんだろう。

それは、「シンプル&モダン」「自然素材」「粋な和風」の3つではないか。それが目下の僕の感覚的結論だ。もちろん「岡山」という地域性もある。

「シンプル&モダン」は今や、20代後半以上の人たちの、普遍的な価値観といってもいいのではないだろうか。同じモダンテイストでもアールデコなどのゴテゴテっとした感じは、もともと日本人の感性には合いにくい。今の若い人たちは、生活道具やインテリアの選び方もずいぶん洗練されてきていると思う。

環境問題と併せ、「ロハス」や「スローライフ」的な生活スタイルはこれからも支持されていくだろう。生活の場である「家」に、体にやさしいもの、環境に負荷の少ないもの取り入れていくのは、当然のことである。もともと日本の家は、その土地の気候風土に合った、自然の素材でつくられていたのだ。

「家督を継ぐ家」に、新風を吹き込みたくてつくった「未来の中庭」

畳続きの一角を板の間に変えて、見た目と使いやすさを工夫

しかし、「シンプル＆モダン」や「自然素材」でも、「洋館」まではいかないのがこの土地柄だ。若い人も「和の心」を持っていて、障子を通した光のやわらかさとか、屋根の傾斜による陰影とか、深い軒先などに、「和」のイメージを描く人が少なくない。そこに美しさや安らぎや情緒を感じる。

僕はそういう感覚を「粋な和風」と呼ぶことにした。イメージ的には、純数奇屋よりもうちょっと木の量が増やした、田舎数奇屋とでもいおうか。

「シンプル＆モダン」「自然素材」「粋な和風」は、それぞれ関連性があるが、別物である。この別物を、施主の生活スタイルや感性、好みに合わせ、どうブレンドするかが、コミュニケーターの力量であり、設計士の腕だと思う。

ブレンド具合は、なかなか図面には表現しにくい。言葉で説明するのはもっと至難の技だ。施主の実現したい世界（空間）を十分に理解した上で、それがレベルアップするような仕掛けをひそかに施し、ブレンドの妙によって作り上げる。それが、住まいづくりのプロしての、発想と技量だと思う。

和風から洋風へのリフォームでキッチンも一新

無垢の木のカウンターや吹きガラスの手洗いボールで表情を豊かにしたトイレ

ものづくりの人たちとのコラボレーションでクラフトを生活の道具に

家は、住む人の思いでどのような形にもなる。
だからこそ、具体的な一歩を踏み出す前に、
住む人全員の「思い」を理解しあっておく段階が必要だ。

住まいを育てる

「未完成住宅」のおもしろさ——住みながら改良を重ねて

大河内信雄（岡山県立大学デザイン学部教授・陶芸家）

ほったて小屋からのスタート

岡山に越して来た。私たちは焼き物を主とするクラフトマン。仕事場がいる…しかし仕事場がない。金もない。よってプロに頼めない。ならば自分たちで建てよう。つぶして放置されていたプレハブを入手。簡易基礎、ペンキ塗り、屋根葺き…etc.

スレートってこんなに重いのか…。完成後、植栽でなんとかごまかした。この小屋で10年頑張る。

老巧化する母屋

昭和の初期に建てられ、傾く母屋。当時は歯科医の診療所だった。雨漏りジャンジャンの丸瓦。家のどこにも「水平」「垂直」が存在しない。ぼっとんトイレに五右衛門風呂。

そんな状況でもインテリアはみすぼらしくならぬよう、金をかけずに知恵かけた。

さて—。建設は母屋か仕事場か?

母屋より仕事場建設が先だ。快適な仕事場を建てるんだ！創作のモチベーションが上がる。そうすれ

ば母屋だってそのうち…。

仕事場建設と岡田社長

岡田社長と知り合った。というより、岡田社長はペリーの黒船のように、突然、わが家に現れ、門戸開放を迫った。以後、次々と人を連れて来るではないか。爆発的明るさと押しの強さ。ネイティブな岡山弁でまくしたてる。

「10年も仕事しとんなら、銭やこ借りりゃーえーが」

「トイレも風呂もいらんのなら、みやすいもんじゃ」

「中は自分でせられーよ」

これで決まり！ 設計は、今は亡き友人の建築家が担当。古い町並みになじむよう、茅葺き屋根の形状を採用。

赤白のイスを並べての風変わりな地鎮祭。仕事場は一挙に建てられた。

母屋新築のための仮住まい

仮住まいは岡田社長の提案で電信柱とブロック造り。1階は土間。それでも建具は、生意気に木製を指定。電信柱、ブロック壁、スレート屋根、内装ベニヤ（自分たちで塗装）、足場板製のフロア、杉板外装。後に、自分で屋根裏に断熱材と杉板を張った。これまた金をかけずに知恵かけて、モダンリビングに変身—。

母屋新築にあたって

母屋新築の構想にあたって、私は50枚を超える間取り図とパースを書いた。しかし、よく考えてみると、あれこれ要求するほど資金がないではないか。そこで、おおよその「規模」と、「暑い岡山をクーラーなしで暮らせる家」「そのために、家の真ん中に路地を作ってほしい」との要望だけ言い渡して、岡田社長に任せた。

社長は2案用意した。

A案：小さいが、予定の資金で一般的な住宅の機能・設備をすべて満たしたプラン

B案：予定の資金で要求規模を満たすなら、これしかないというプラン。

B案は社長しか考えつかない凄まじいもので、私たちは一瞬のけぞった。

●1階はすべて土間、天井なし

(2階の床板が天井を兼ねる)、畳なし、ふすまなし。
●2階の窓はすべて腰壁なしの掃き出し、内壁、外壁ともに化粧仕上げなし。

土間の復権

思い切ってB案に決めたが、1階の3分の1だけ床を張った。完成後、近所の子どもたちが来て、土間で大縄跳び大会を開いていた。夏は土間に水を打つ、昼寝をしたり、大人数のホームパーティーを開いたり、木の枝などを豪快に生ける生け花を楽しんだり。その後、半分はギャラリー空間となる。

床板を抱きしめた岡田社長

岡田社長の提案で、何十年も小学校を支えてきた内地松の梁を厚板に挽き、2階の床板に使うことになった。届いた床板の中には、工芸品に使えるような美しい木目の肥松（樹齢200年以上）が。社長は「オイッ！ええのがあるが！これを床に使うんか！オレが欲しいがな！」と言って抱きしめた。

- 節あり檜の柱
- 節あり内地松フロア
- 校舎の廃材
- ベニヤの内装
- モルタル下地仕上げの外壁
- がらんどうの土間空間

この（一期）工事終了後、「未完成住宅」というタイトルで建築雑誌に取り上げられた。

施主の工事参加

渡された図面の随所に「別途」と記された個所があるではないか。

「社長、これはどういうこと？」

「そこはアンタがするとこじゃ」

「ん……？」

- 木部の塗装（足場を上って最上部も塗った）
- モルタルの仕上げ前のシーリング（シリコン）
- 建具の塗装（内部の扉も全部塗った）
- 台所のタイル貼り（自分で焼いて貼ることに…）

夫婦で作業場に出向き、柱の番号書きも手伝った。おかげで大工さんと思いっ切り仲良くなり、一緒に山へ茸採りに行ったり、社長の知らないところで図面にない仕事をしてもらったりした。

10年たっての二期工事

工事項目
- 内壁の漆喰仕上げ
- 屋内の腰板張り
- 外壁の吹き付け
- 2階が2部屋だったのを4部屋に
- 中2階に1部屋追加（書斎）
  （木造はこれが簡単にできるのだ）
- 収納追加
- 障子および木製のカーテンBOX
  追加
- アルミの建具を木製に
- ギャラリーの壁を大壁に
  （柱を隠す）
- 通路部分を洗い出し仕上げ
- 外部塗装の塗り直し
- 2階張り出し部分の下がりを
  修正

──以上、完成気分を2度味わうことができた。

庭を第二のリビングに

ここは「晴れの国おかやま」。庭をリビングのように活用したい。

使い込むほどに味のある住まい

建物は老朽化する。家を持つということは、この厄介な課題を逆に楽しむ精神がなければいけないと思う。「消費」ではなく「愛用」、使い込みの良さ。これらをこの家で楽しみながら実現していきたい。

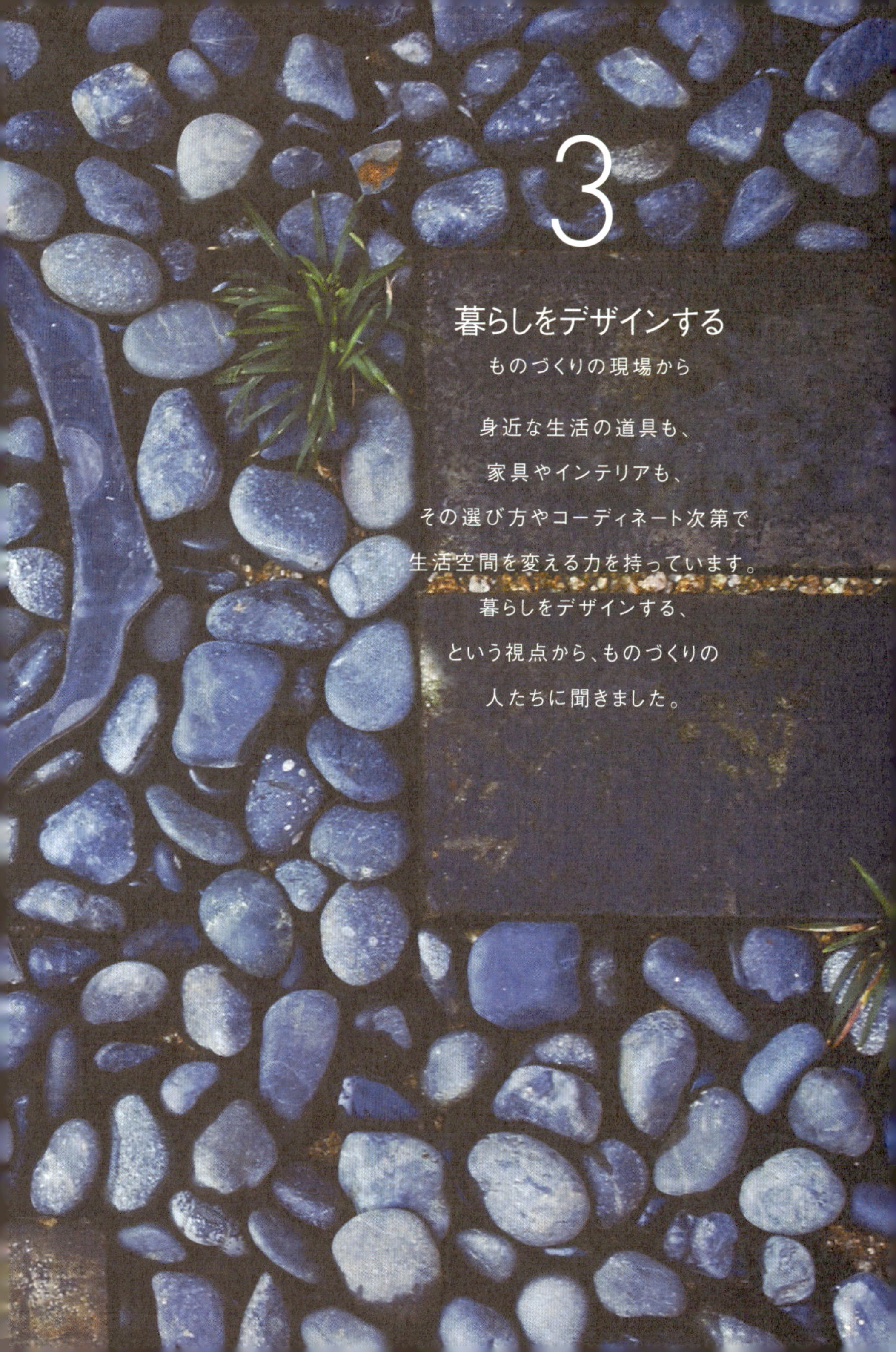

3

暮らしをデザインする

ものづくりの現場から

身近な生活の道具も、
家具やインテリアも、
その選び方やコーディネート次第で
生活空間を変える力を持っています。
暮らしをデザインする、
という視点から、ものづくりの
人たちに聞きました。

家｜具｜デ｜ザ｜イ｜ン

心の栄養になるような、精神性の高い家具を、提案していきたい。

守屋晴海

もりや・はるみ
高校の工業デザイン科を卒業後、東京などで製品のデザイン（プロダクトデザイン）に携わる。95年、郷里の岡山に帰り、職業訓練校の木工科に入校、卒業と同時に家具作りの仕事を始める。99年、“理想のものづくり”を目指し、数人のスタッフとオリジナル家具工房「ハルミファインクラフト」を設立。代表兼デザイナーとして、製作から販売、さらに購入後のマネジメントまで一貫してプロデュースし、トータルでバランスのとれた家具の創作活動に取り組む。朝日新聞社主催「暮らしの中の木の椅子展」で入賞多数。

一日一日を楽しく

食器や家具は毎日使うものだから、道具としての使い勝手だけじゃなく、素材や形や手ざわりが気に入ったものであれば、それだけで一日一日が楽しくなりますよね。

いってみれば、使う人の心の栄養になるような家具。そういうものを素材からデザイン、メンテナンスまで総合的にプロデュースしていくのが、僕たちの仕事です。

もちろん、例えば椅子なら何時間座っても苦にならないとか、キッチンなら使い便利がいいとか、必要な「機能」というものがあるわけで、それらを満たした上で、作り手としては精神性を感じさせるレベルまで質を追求しているつもり。

お客さんの要望を反映させながら、押し付けにならないように、どこまで造形美や感性を表現するか。その微妙なバランスが、デザインプロデュースされた家具の魅力じゃないでしょうか。

プラスアルファはコンセプトとストーリー性

実際に、デザインされた既製品の家具とどこが違うのかというと、僕自身はコンセプトとストーリー性だととらえています。

これから作る家具が、暮らしの中でどういう存在であるべきなのか。何のために、どういう過程を経て、どういうふうに作っていくか。お客さんとのコミュニケーションを通して、すべ

て家具のデザインに集約される。世界でたった一つの、コンセプトとストーリーを秘めたオリジナルな暮らしの道具です。作り手としてはそこに最大の価値を持たせたいし、そういう家具を提供することで暮らし方そのものを提案していきたい。

自分の生き方を豊かに

そのためには、まず僕自身がどれだけ豊かな日常を送っているかだと思います。お客さんの要望を聞いて、お客さんのために作る家具であっても、作り手の感性が投影されるのだから、スタッフも含めて僕たちの高い精神性が問われるわけです（笑）。

ハルミファインクラフトは緑豊かな田んぼの中に建っている。そして、僕は農家の息子としてトラクターにも乗るし、稲も育てるし、麦も刈る。そういう暮らし方が僕のアイデンティティーであり、深いところでものづくりに影響を与えていることは間違いありません。自分自身が毎日の生活を丁寧に送ること。そして豊かなコンセプトとストーリー性を持たせること。それが大切だと強く感じています。

ステンドグラス

ガラスの癒す力がだれかの支えになれば、製作者冥利に尽きます。

香川三枝子

かがわ・みえこ
子育て真最中だった35歳の時、色とりどりのステンドグラスの美しさに魅せられて、ガラスワークの世界に入る。41歳で名古屋世界デザイン博準グランプリを受賞した前後から、プロのガラス作家として本格的に活動し、ランプなどの小作品から公共施設用の大型作品まで、数多くの作品を製作。毎年のように個展も開催する。2003年、有限会社Glass Miek(グラスマイエック)を設立。独自のカラーでガラス作家の道を歩み始めた長女と共に、工房で製作に没頭する毎日を送る。

カラフルから無彩色へ

以前はステンドグラスというと、宗教色の強い、カラフルなものをイメージする人が多かった。でも最近は、無彩色で黒い線画だけを入れたり、ポイントとして色ガラスを使ったりする、シンプルなタイプを好む人が増えてきました。

その方が、庭の木陰とか木漏れ日とか、ガラスの向こうにあるものを映して、とてもきれいなんです。季節や天気、時間帯によって光と影が違うし、それがまた色ガラスを通して、微妙なニュアンスをつくりだす。障子や和紙と同じように、日本人の感覚に合うんだと思いますよ。

「ずっと見ていたい」「見ていると癒される」と言われると、製作者冥利に尽きますね。

全工程を一人でこなす

デザインは、お客さんの話を聞いて、ゼロからイメージをつくっていきます。

モチーフを決めたら、下絵をかいて、板ガラスの組み合わせを考え、ガラスを切って、H鋼にはめこんで、複雑なところははんだづけをして…全工程を一人でするので最後まで一貫性を持って作品づくりができるけれど、それだけ責任とプレッシャーがあるし、時間もかかる。材料の板ガラスも、ついあれもこれもって買ってしまう。25年間で相当の量を

集めてしまいました（笑）。

製作に取り掛かると、時間を忘れるほど熱中するので、気がついたら外が真っ暗でびっくりしたり（笑）。ガラスにかかわっているのが楽しくて仕方ないんです。

ガラスに助けられて今がある

ガラスを通じて生活を豊かに、というのが、25年前に出発したときからの私のテーマです。主婦の手慰み程度だったときも、映画を見たり、友達としゃべるより、私にとってはガラスに向き合っている時間が何より楽しかった。

もちろん、家事や子育てとの両立に追われて個展に出品する作品が「もうできない」「間に合わない」と切羽詰ったときもあったし、海の底に沈んだような心境のときもあったけれど、それが生きているってことだし、ガラスがあったから乗り越えられた、今があるってしみじみ思います。

手 | 漉 | き | 和 | 紙

水の動きじゃないものは作らん。だから面白いんと違う?

中村　功

なかむら・いさお
高校卒業後、林業に従事するも、故郷の伝統工芸である「拝宮手漉和紙」がすたれていくのを見過ごすことができず、20代半ばで紙漉きの世界に。村でわずかに残った紙漉き職人に教えを乞いながら、譲り受けた紙漉き道具を廃校になった母校の小学校に持ち込み、来る日も来る日もひたすら紙を漉き続けた。37歳の頃、地元の陶芸家らと共同で作品展を開催。「外に向かってアピールする」ことを学び、以降、全国各地で作品展を開く。伝統工芸品である障子紙から便箋、封筒などの小物のほか、屏風やタペストリーなど大作も手がけ、海外からも高い評価を受ける。

たった一人の村おこし

拝宮手漉和紙は障子紙が基本。薄いけどシャキッ、パリッとした、い〜い紙よ。冬、水が冷たいときにしか漉けん。春になって水がぬるむと、のりが腐っていいようにならんからな。

ここの谷水で漉いて、湧き水でさらした紙は、漂白剤や化学薬品なんか使わんでも、白くて強い。そんな拝宮手漉和紙を知ってもらうために、始めたんじゃ。たった一人の村おこしよ。大きな作品は打ち上げ花火みたいなもん。アピールするために必要だからな。

大抵の人は作品を見て、紙を見ない。けど、物事の本質を見る人は紙を見る。作品をぼろくそに言われても平気じゃけど、紙を悪く言われるとへこむな。「紙」を認められることが一番うれしい。

水が生んだデザイン

デザインは机の上ではせんよ。藍を流したり、もみじを入れたり、道具(素材)を水に浮かべてから、水の動きによってできた形を瞬間的にとらえる。だから面白いんと違う?　水の動きじゃないものは作らんよ。そのとらえ方に、自分の心のありようが出ることはあっても、水を作為的に動かすようなことは絶対にしない。その日その時の天気や気温に影

響を受けるから、10枚漉いて、納得できるものは4枚ぐらいかなぁ。

自分の仕事を信じとる

話好きな方じゃけど、紙を漉きだしたらしゃべらんようになる。それも人に指摘されて初めて知った。気持ちが水に集中するんだな。

紙漉きを始めてからの30年間を一言で言うと？　「24時間ずっとつらい」(笑)。つらいけんど、苦痛じゃない。しんぼうできるつらさ。うまくいってもいかなくても、もっともっと、という気持ちがあるから、きりがないわな。国産の楮もだんだん手に入れるのが難しくなってきとるし、自分との闘いじゃ。

それでも、1年中、紙に携わっていたい。ずっと紙を加工していきたい。自分の漉いた紙が、暮らしの中で生かされとると思うと、うれしゅうなる。拝宮手漉和紙が好きなんじゃ。ええ紙だと信じとるんよ。

ロ｜ー｜ト｜ア｜イ｜ア｜ン

力強く、しなやかで、手づくり感の強い、アイアンの文化を、もっと日本に広めたい。

井内誠一

いうち・せいいち
鉄工所の3代目として生まれ育つ。高校時代は美術部に所属、服飾デザイナーを目指した時期もあったが、家業を継ぐために断念。「鉄工所」の仕事をこなしながら、「かじや」にあこがれて伝統的な造形技法であるロートアイアンを独学で身につける。取っ手や手すり、門扉など、住宅関係の仕事も多く、確かな技術とシンプルかつ温かみのあるデザインで、注文が後を絶たない。アイアン作家として、個展やグループ展でのアート系作品の発表も続けている。

「かじや」にあこがれて

学生の頃からアートやデザインへの関心が高くて、いわゆる「鉄工所」の仕事をするのは、本当は嫌だった。家業だから、跡は継いだけどね。

美術書に載っていたロートアイアンは、同じ鉄でも装飾的なものづくりの世界。火をおこし、自分で道具を使って、たたいたりねじったりしながら造形していく。「かじや」はいいなー、やってみたいなーってあこがれた。

あるときから、岡山県内を歩き回って「かじや」を探しだし、教えを請おうとしたけど、過疎の村でつぶれかけたり、年老いて引退していたり、なかなか師匠が見つからない。仕方なく、洋書や専門書を取り寄せて独学。好きなことだから、学ぶこと自体が楽しかった。

鉄の“媚びない”ところにひかれる

鉄は媚びない。木のようにほかのものとなじまない。そこが一番惹かれるところ。

あと、さびて滅びてゆくところも好き。さびてボロボロになって、崩れる一歩手前ぐらいになった状態の方が、作品として味がある。強いんだけど、終わりがある。その存在感に言いようのない魅力を感じるね。

もちろん、建築金物を造形する時は、最初にさび止めを塗って、できるだけ長持ちするようにはするよ。でも「鉄」である以上、半永久的なものじゃない。いつかはさびも出始める。長く大事に使っていこうとすれば、さび止めを塗り直したりしてメンテナンスを心掛けてほしいと思う。

鉄の装飾文化が浸透している欧米

日本で鍛造というと、刃物・農具に代表される実用的なものがほとんど。でも欧米では、装飾ものやインテリアにまで鉄の文化が浸透している。日本でももっともっと鉄の文化が広がればいいと思う。

さっき「媚びないのが魅力」と表現したけれど、異質なものと組み合わせれば、ロートアイアンの力強さや立体感、手づくり感、しなやかさが引き立つ空間になる。そういう雰囲気を楽しむ人が増えてくれたらうれしい。

陶　芸

僕の器が、ていねいな暮らしのきっかけになればうれしい。

十河隆史

そごう・たかし
大学で美術教育を専攻、卒業後は教員として勤務するかたわら、作陶を続ける。滋賀県陶芸の森での研修や米国ノースカロライナ州ポタリーセンターでの滞在制作を経て、「片手間でできる仕事ではない」と30歳を前に教職を辞し、陶芸家として独立した。美しくシンプルなデザインでファンが多い。今年、自宅兼工房が完成、作陶のかたわら、陶芸教室も開催。

穏やかに、淡々と、作品に向かう

独立したころは認めてもらいたい、他の人にできないものを作りたいという意気込みが強すぎて、かなり自己顕示欲の強い作品になってましたね。

そのうち頭でっかちになって、ものづくりが苦しくなってきて、作品の中に自分をどう表現したらいいか、分からなくなったんです。

ある作家の作品との出会いが、物の見方・考え方を変えてくれました。実用の器も、立体として見れば、すべてがデザインだ、ゆがみも薄さもカーブも、抽象的彫刻と一緒だと気がついた。

今は、自分の体のリズムを大切にして、手から生み出される形に素直に、淡々と、穏やかな気持ちで作品に向かい合えるようになりました。

お客さんとのキャッチボールで

例えば「形はこのままで、もう一回り大きいお皿が欲しい」とか「これとこれの中間のサイズが欲しい」と言われて、要望にこたえようとすることはけっこうあります。

僕が作り手だとすれば、使い手はお客さん。その人たちの思いを具現化するパートナーだという思いが、僕にはあるんです。お客さんとキャッチボールしながら、さりげなくて自分らしい、でも生活の中で存在感のある、そんな作品を生み出していくということにすごく心地良さがある。

あえて薄く仕上げる理由

僕の作る器って、薄手のものが多い。実用的には厚みのある方が丈夫で壊れにくいのは決まっているんだけれど、あえて薄く作る。

僕の理想とするイメージは、エッチングによるフリーハンドの線。そのラフさと、姿としての美しさを求めると、どうしても薄くなるんです。

実用品としては取り扱いに気を使うかもしれないけれど、そこに意味があると思う。当たり前だから、毎日のことだから、おざなりに扱うのではなく、日々の暮らしの中で「ていねいに使おう」「大事にしよう」と思うことが、暮らしを豊かにすることにつながっていくんじゃないかと。

僕の器を使うことで、そういう気持ちを数秒間でも感じてもらえたら、うれしいですねー。

吹き　ガラス

四季の光を映して魅せる ガラスの美しさを暮らしの器に。

光岡てつま

みつおか・てつま
新聞社に勤めていたとき、ガラス作家小谷真三氏を何度も取材、その魅力に引き込まれ、吹きガラスの道に。グラフィックデザイン、写真と共にライフワークとする。日本写真家協会会員。岡山広告協会新聞広告賞、県展山陽新聞社賞、旭硝子アート展優秀賞などを受賞。著書に「岡山新世界」「竹久夢二」「備中神楽」「岡山のクラフト」など多数。

「一瞬のとき」をとらえて

小谷さんを取材した頃、仕事で岡山県内を隅々まで歩きながら、自然、建物、町、人などをカメラに収めて、編集作業を進めていた。仕事は平面的で共同作業だから、だんだん立体をやりたいなーと思うようになって。

小谷さんの取材で初めて吹きガラスと出合った時、これだ！と直感するものがあったんだ。写真は一瞬をとらえる作業。その瞬間にシャッターを押さないと、表現したいものを逃がしてしまう。そこがガラスとよく似ていた。

はかなさにひかれる

高温でとろとろになったガラスはじっとしていない。変化し続ける。それをどこで止めるか。吹き竿に巻き取ったガラスに、少しずつ息を吹き込みながら、イメージした形に近づけていく。

出来上がったガラスは四季の光を通して美しく輝くけれど、割れるときは一瞬。そのはかなさが魅力だね。

吹きガラスは、左右対称を追いかけてモノを作っていく作業。だけど最近は、アンバランスなものの方が魅力を感じるんだ。作

意を感じさせないように、ガラスと対話しながら作ろうという気持ちが強くなった。

野菜を盛り付けて感じる豊かさ

季節の野菜を、ガラスの器に入れてごらんよ。春の初めなら淡い光の中でやわらかく、若葉の季節には一層みずみずしく、器の中でおいしそうに見えるから。

毎日の食卓で、そんな小さな感動を見つけられることが、豊かさであり、癒しだと僕は思う。教室の生徒にもよく言うんだ。「暮らしに豊かさや癒しをもたらすような器を作っていこう」と。

そういう気持ちでものづくりをすれば、自然に自分自身がイキイキとしてくるよ。

織 物

やさしさや危うさや豊かさが
布1枚で表現できることを知って欲しい。

小柳靖子

こやなぎ・やすこ
ライフワークを模索していた20歳の頃、織物に出合う。「女性の手仕事には素晴らしいものがある。ほかの家事と同じくらいの力関係でできるもので、家族のものを織っていく気持ちでやってみよう」と心に決めた。岡山民芸協会会員。新人染色展入選。毎年、岡山県内外で個展を開き、独特の色彩と温かな肌ざわりが人気を呼んでいる。

平たい心で

機織りは両手両足を使いながら、経糸と緯糸を1本ずつ織っていく単調な作業です。だからこそ、作品の出来は天気にも左右されるし、自分の気持ちにも影響される。精神的に健康でないと、いいものには仕上がりません。

仕事場に入ったら、心を平たくして、すーっと集中していく。糸と対話しながら織り進んでいく。何をしているときより、心が解放されます。

こういうものを織りたいなとセットして、経糸と緯糸が反発せず解け合って思惑通りの布に織れたときが、最高の気分。作品もいいものになりますね。

糸に仕事をさせてもらう感覚

使う糸は、ウールもあれば絹もあるし、木綿もあります。それらを草木染にしたものを組み合わせ、色合わせしながら織っていくのが一番好き。たとえば生まれも育ちも違う絹を同じ色に染めて織ると、自然な色むらが出て、それが独特のグラデーションになる。それが面白くて、自分でもけっこう気に入っている仕事です。

私の場合、自分が作品を生み出すというより、自然の草木から色をもらって、糸に仕事をさせてもらっているという感覚が強い。糸が私の手を通して、布という形になっていく感じですね。

「風の布」という言葉が好き

日本人は、織物を「着る」「敷く」感覚が強いでしょう？
でも本当は、壁に掛けたり、吊るしたり、間仕切りにしたり。布1枚あれば、空間を豊かに演出できることを、もっとたくさんの人に知って、生活に取り入れて欲しい。
私は「風の布」という言葉が好きなんです。布が風に揺らいで、その姿が涼しさややさしさや軽やかさの表現になったり、布の向こうに透ける世界が、それまでとちょっと違って見えたりする。見えそうで見えないすれすれの危うさって、魅力の一つでしょう？
私の布が、生活の中のいろいろなシーンに使われて、その人の暮らしがより豊かになれば、こんなにうれしいことはないし、実際にそういう声を聞かせていただくと、とても幸せな気持ちになりますね。

キ ル ト ワ ー ク

積み重ねて出来上がったものに美しさを感じます。

山谷真理子

使ってほっとする作品に

もともと針仕事は大の苦手（笑）。でもアンティークキルトを見たとき、100年前の作品が今も輝きを放っていることに感動しました。コツコツと時間をかけて作られたものが持つ美しさって素晴らしいと。

例えば小さなキルト1枚でも、病院のような殺風景な場所で、布巾代わりに食器や果物に掛けてもらえれば、そこだけやさしい空間になる。何でもある時代だから、売ってないものに癒されるんですよね。見て心安らぐもの、使ってほっとするものを作っていきたいと思います。

針を通している時は「無」になれる

針を刺しているときは、全く何も考えていません（笑）。気になることがいろいろあったとしても、一針一針進めているうちに、いつのまにか「無」になっている。貴重な時間ですね。

作品が出来上がったときは「幸せ」って、自分なりの小さな満足感を味わいます（笑）。ひたむきにコツコツと頑張った自分を、えらい！と（笑）。

生徒さんには「一枚でいいから、後々まで残るものを作りましょうね」とよく言います。自分が老いたり病気になったりしたとき、「このときの自分は一生懸命よく頑張った」

やまたに・まりこ
夫の仕事の関係で東京に暮らしていた時、アンティークキルトに出合い、強く惹かれる。子どもたちの小物作りから始め、キルト生活20数年。自宅で教室を開きながら、定期的に作品展も。2003年9月には自宅敷地内に「ギャラリーカフェぶどうの木」をオープン。アンティーク雑貨がディスプレイされた癒しの空間でキルト教室や作家の作品展を開く。県内だけでなく近畿や四国からも多くの人が訪れる、隠れ家的空間。

と、きっと作品に励ましてもらえる。それ、素敵なことでしょう？

毎朝、ドアを開ける瞬間が好き

作家の作品も、アンティーク雑貨も、自分の好きなものだけを置いていますが、「ここは癒されるから来てるのよ」とお客さんが言ってくださると、励まされます。

毎朝、ドアを開ける瞬間が好きなんです。さあ、きれいに掃いて、お花の水を替えて、ディスプレイをどうしようかって、ワクワクします。

暮らしをデザインするって、インテリアや装飾品に凝ることだけじゃない。まず部屋をきれいにする。掃除が基本だと思います。もし掃除するのが面倒になったら、「ぶどうの木」もキルト教室も引退する。私はそう決めていますね。

年に2回、3000部を製作し、ニュースレターとして配付している小冊子「GOKURAKU TOMBO」。「暮らしを楽しむ」をテーマに、衣食住やアートなどの記事を紹介している

住まいは創造力の遊び場

「あなたの手がける住まいにしろ店舗にしろ、どこか変わっていて、面白く楽しい空間ね」とよく言われる。僕にとって建築は創造力の遊び場。「安全」「安心」の条件は整えるが、こうでなければいけないという固定観念を持たずに、住む人の暮らしをデザインする楽しさを味わっている。

百家百様――。百人居れば、百人の住まい方があり、「世界にたった一つの家」であるべきだ。その上で、「ご機嫌な住まい」に必要不可欠な5つの要素、

1.心地良く暮らす
2.楽しく住まう
3.元気で生きる
4.良い環境を保つ
5.自分のスタイルを持つ

を満たすべく、いつも僕なりにコミュニケートしてきた。今回、多くの人たちの協力を得て、そのエッセンスが一冊の本にまとまり、感謝すると共に、これから僕がなすべきことについて思いを強くしている。

地球環境の危機が身近な問題に差し迫った今、住まいづくりにも、できるだけ環境を保護し、負荷を最小限にとどめるような取り組みが求められている。自分は何ができるか、何をすべきかを新たな課題に、真剣に取り組んでいきたいと思う。

2007年10月、さわやかな秋晴れの日に

コミュニケーター 岡田　勲

この本を作った人たち

文章で、デザインで、写真で、伝えたかったのは「心豊かな暮らし」。
「シンプルで分かりやすく、温かく」を合言葉に、一つのカタチにまとめました。

■企画・構成・取材・編集／水原晶代

「あのなー、旦那や子どものせいにするの、やめてくれん？　問題は自分がどうしたいかじゃろ？　仕事も子育ても大事にすると本気で思うたら、手段はなんぼでもあるわな。あんたの生き方が問われとるんで」

K家の取材を済ませ、ランチを取っていたときのこと。夫が単身赴任で家計が逼迫、仕事を増やしたくても家事と子育ての負担が私一人の肩にかかる状況で、つい愚痴が口を付いて出てしまったその瞬間を、岡田社長は逃さなかった。

いきなり胸元に直球を投げ込まれ、私はぐうの音も出なかった。毎日をどうイキイキと暮らすかは、自分のデザイン次第。その視点に立てたことと、「ええ女になれ」という岡田社長の叱咤激励のおかげで？　私の人生は大きく変わった（もちろん楽しい方に）。

ライターとして多くの家を取材したが、“岡田マジック”を体験した人たちの“わが家”への愛着はひときわ高い。それは、時にどぎまぎするほどの濃いコミュニケーションを経て生まれるからに違いない。

にぎやかでおおらかな家づくりを多くの人に伝えたいとスタートして早幾年。時代をとらえてどう表現するか、喧々諤々、かなり寄り道・迷い道もしたけれど、そのぶん本の魅力になったはずと信じることにします（笑）。

みずはら・まさよ
生活情報紙の編集記者、出版社社員を経て、97年よりフリーランスの編集者。01年、ライアのスタッフに参加、コミュニケーターとして、企業向けのデザインコンサルティングや店舗・個人住宅の改装などにかかわる。著書に『どろんこまみれの宝石箱』『いのち輝く町を求めて』『力まずゆるまずとらわれず』など。1961年、岡山市生まれ。思春期の娘2人と格闘しつつ、仕事に子育てに趣味に（読書、ピアノ、ボーダーコリー2頭との散策＆ドッグスポーツ）、ご機嫌暮らしを実践中。

いなおか・けんご
1950年3月生まれ。東京のデザイン会社に勤める。29歳の時、岡山に帰る。広告デザイン、パッケージデザイン、書籍のデザイン（現在約300冊手がける）が主な仕事。日本グラフィックデザイナー協会会員。読者が選ぶ読者のためになる雑誌広告賞、岡山広告協会新聞広告賞などを受賞。趣味はスキー、サッカー観戦、フライフィッシング歴27年。

■ブックデザイン／稲岡健吾

変な本を作りたかった。世の中にない本だ。

雑誌（MAGAZINE）でもなく、書籍（BOOK）でもなく、ムック（MOOK／MAGAZINEとBOOKを合わせた造語）でもないもの。つまり、雑書OOK（なんじゃ、これは?）というような…。見たこともない新しいものに嫌悪感をいだく人もいるが、反対に先進的でクリエイティブな仕事に好意的な人もいる。今回は後者で、すべてを笑顔で許してくれたオカダ親分に感謝。モノづくりに携わる者だけが知る、ある種の孤独感を共有しているからだ。

しかし、水原さん、清水くん、よく頑張ったなあ、4年間だものなあ。これは、苦闘したチームの記録でもある。

いつかまた、こんな仕事がしたい。

しみず・たけお
1972年、仙台市生まれ。20代半ば、ライフワークである音楽活動と両立する仕事を求める中で「写真」と出合い、フォトグラファーの道に。スタジオ勤務を経て30歳で独立、07年、デザイナーの石井広紀氏とデザインと写真のプロデュースを手がけるCreative Boxを設立。「雑誌」を中心に活動しながら、仕事と人の輪を広げている。

■撮影／清水健夫（I & I Photo Office）

最初、僕にとってこれほど影響を与えられる仕事になるとは思っていなかった。

岡田社長を始め、出会った人たちに共通した印象は「人生を心地良く生きている」ということ。生活全般にわたって調和がとれていて美しく、ただガムシャラに目の前の仕事をこなすのがすべてと思い込んでいた僕にはまぶしかった。そして、人生の先輩たちに、重圧だらけの世界をやんわり生き抜く知恵を、僕も含めた若い人たちは学ばなければとも思った。

岡山に素敵な人たちがたくさんいることを知り、感謝すると共に、この仕事を通じて新しい価値観や世界にめぐり合える予感にワクワクしています！

■写真提供
畑　亮
幡山正人
中桐暢良
(株)プロテック
アルプフォトデザイン
光岡てつま
大河内信雄
Glass Miek

■クラフト
武藤公夫 
白石孝子 
鷹尾葉子 
村中保彦 
小山末廣 
岩井小夜子 
石田えいじ 
藤本イサム 
尾崎公彦 

百家百様の住まいづくり

企画｜アーバンデザインコンサルタント
(有)ライア
TEL.086-274-3332

設計｜一級建築士事務所
飛夢房
TEL.086-276-9523

施工｜(株)北屋建設
TEL.086-276-3735

岡山市平井7丁目18-15-11
http：//www.tombo-kitaya.co.jp

\チーム・マイナス6%に参加しよう/

チーム・マイナス6%に参加

地球温暖化が世界的な社会問題として叫ばれるなか、私たちグループでは、「みんなで止めよう温暖化　チーム・マイナス6%」に参加し、チームの一員として、環境に優しい住宅や店舗を設計・施工するために、さまざまな勉強会を行い、一人ひとりが日々努力、実践していきます。

ご機嫌な住まい

発　行——2007年12月13日　第1刷

編著者——水原晶代
発行者——アーバンデザインコンサルタント(有)ライア
発売所——吉備人出版
〒700-0823　岡山市丸の内2丁目11-22
TEL.086-235-3456　FAX.086-234-3210
http://www.kibito.co.jp

印刷所——株式会社三門印刷所
製本所——日宝綜合製本株式会社

万一、落丁乱丁の場合は送料小社負担でお取り替えいたします。
小社宛、お送りください。定価はカバーに表示してあります。

ISBN978-4-86069-189-9　C0095